The secret to grab people's hearts

1日1億円以上を売り上げる
実演販売士が教える

人の心をつかむ極意

レジェンド松下 著

辰巳出版

はじめに

私の名前は「レジェンド松下」と申します。
「実演販売士」という仕事をしています。

実演販売士をご存じでしょうか？　テレビショッピングでエプロンを着て、掃除機やまな板を売ったりしている姿を観たことがある人も多いのではないでしょうか。

おかげさまで私は、その業界では少し名前が知られておりまして、「1日に1億8000万円売った伝説の男」「カリスマ実演販売士」などと呼ばれたりもしています。自分で言うのも恥ずかしいですが……。移り変わりの激しいこの業界で、十数年、第一線でやらせていただいております。

近頃はテレビショッピング以外の番組にも呼んでいただけるようになり、特にマツコ・デラックスさんと関ジャニ∞の村上信五さんが司会を務める「月曜から夜ふかし」（NTV系）にはよく出演させていただいております。

販売だけでなく、メーカーさんと組んで商品を企画開発したり、所属している「コパ・コーポレーション」という会社で、実演販売士の新人育成といった仕事にも携わっています。

いろいろ幅広くやらせていただいているおかげで、たくさんの人とお会いするのですが、その時よく言われるのが、「どうすれば、そんなに商品を売ることができるのですか？」ということ。

正直、私は話が上手ではありません、むしろ苦手な方です。人前に出るのも、この仕事を始めた頃は心臓ドキドキ、冷や汗ドバドバで、得意な方ではありませんでした。そんな自分が、なぜ実演販売士として仕事ができているのか？

その理由を考えたところ、私の頭に浮かんだのが**「心を動かす力」**というキーワードです。

実演販売をしていると、最初はまったく買う気がなかったのについ買ってしまった！

というお客様がけっこういらっしゃいます。これは私の実演販売によって、「買わない」という心から「買う」という心に動いたからだと思います。

私ごとですが、自分自身の心も柔軟に動かすことで、これまでさまざまな試練を乗り越えてきました。たとえば、話の上手ではない私がここまでやってこられたのも、既成概念にとらわれず、心を柔軟に動かして、自分ならではのスタイルを確立したからだと思います。

つまり私の実演販売の極意（などと言うのもおこがましいですが）は、

「自らの心を動かし、お客様の心も動かす」ということなのだと思います。

これは、実演販売に限らず、他の仕事や生活にも応用できるはずです。

では、どうすれば自分の心と他人の心を、自在に動かすことができるのでしょうか？本書ではその方法を、自分の経験をもとに、できるだけわかりやすくお伝えしたいと思います。

これは実演販売のマニュアル本ではありません。販売業の方だけでなく、学生さんや主婦の方など、あらゆる人にとって生き方や考え方のヒントになる「心の参考書」になってくれれば幸いです。

CONTENTS

1日1億円以上を売り上げる実演販売士が教える
人の心をつかむ極意

第1章 すべては「気づく」ことから始まる

第2章 愛されるために必要なこと

第3章 「売る」のではなく「買ってもらう」

第4章

心の「波」を引き寄せる

第5章

〝心を動かす〟人と出会う

第1章

すべては「気づく」ことから始まる

自分や他人の心を動かすには、まず「気づく」ことが大切と、松下さんは言います。どんなことに「気づく」べきなのでしょうか？　気づくことの本質とは？　その考えに至るきっかけとなったエピソードを交えながら、わかりやすく説明していきます。

「相手が求めていることは何か？」

私の仕事は実演販売です。あらかじめ用意した商品を、お客様の目の前で売ります。その商品はどのような背景で作られたのか、どんなところが優れているのか、買うとどんないいことがあるのか、お客様が買いたくなるよう、言葉だけでなくその商品を実演して見せたりしながら、アピールをするのです。

皆さんも、店頭やテレビショッピングの番組などで見たことがあるのではないでしょうか。立て板に水の売り口上、流れるような実演の動き。思わず見とれ、聞き入っているうちに、つい買いたくなってしまう……まるで魔術です。

「よっぽど練習してるんでしょうね」とよく言われます。台本があり、1から10までセリフが決まっていて、それを何度も繰り返し練習するから、そんなに上手に話せるんでしょうね……と。しかし、私の実演販売に台本はありません。販売する商品が決まったら、その商品についてしっかり学び、メリットやデメリットなどを頭にたたきこんだ上で、簡単な流れを箇条書きでスマホに書いておくだけ。これで5分でも30分でも実演販売ができます。

なぜそんなことができるのか？——という部分は後ほど説明します。その前に、なぜそんなこと……つまり台本を使わず半ば即興で実演販売するのかというと、それは台本に沿った一方的な説明では、「お客様の心は動かない」からです。

実演販売のお客様の顔ぶれはいつも違います。しかも、通りすがりの人がほとんどです。つまり、この商品を買いたいから来たわけではなく、たまたま気になったから立ち寄ったという人たちなのです。もちろん、急いでいるのか暇なのか、これから仕事なのか遊びなのか、どんな仕事をしているのか、家族はいるのかなど、お客様の情報はまったくわかりません。

そんな状況で、買うつもりのないお客様の心を動かし、買うという行動に向かわせるには、どうすればいいか？　必要なのは、「目の前のお客様が何を求めているかに気づく」ことです。そして、求めていることを満たすために行動すること。そうすれば、お客様の心は必ず動きます。

目の前のお客様の求めていることを探り、臨機応変に対応するために、私は台本を用意しないのです。もちろんある程度の流れ（経験上、売れやすいと思う説明の順序）は決めて挑みますが、その場の空気によっては順番を変えることもあります。

「その場の空気」がどういうものかは説明が難しいのですが、常に相手が求めていることを考えていると、自然とわかるようになります。これは実演販売の仕事に限りません。あらゆる仕事、人間関係に当てはまることだと思います。

「自分の〝相手〟は誰なのかを明確にする」

そもそも「相手」とは誰のことを指すのでしょうか？　実演販売士なら目の前のお客様、営業マンなら取引先、夫婦ならおたがいのパートナーということになります。当たり前のことのようですが、意外とはき違えやすいので注意が必要です。

たとえばテレビショッピングだと、私の相手は誰になるでしょうか？

テレビ画面を通して商品を買うお客様でしょうか？　正解は、テレビショッピングを演出している「ディレクター」さんです。私はテレビショッピングという番組の一出演者です。その番組を取り仕切るディレクターさんの求めることをしなければならないのです。どんな風に話してほしいのか？　共演者の方とは積極的にやりとりした方がいいのか？　事前の打ち合わせなどを通じて、「相手」＝ディレクターさんのしてほしいことを読み取ります。

もし相手をはき違えて、テレビの向こうのお客様の求めていることを勝手にやろうとしたらどうなるでしょうか？　共演者のことなど無視して、一方的に商品の説明をし始めたら、番組は成立しなくなります。仮に商品が売れたとしても（番組が成立しなかったら放送もされないので、実際にそんなことはありえませんが）、その番組には二度と呼んでもらえないでしょう。

大事なのは、「相手」が求めていることに気づき、それを臨機応変に実行すること。そして、肝心の「相手」を明確に意識すること。それが、「心を動かす」第一歩となります。

「相手が求めているから売れる」

相手が求めていることに気づく大切さは、物を売るだけでなく、物を「作りだす」時にも当てはまります。

私は商品を売るだけでなく、メーカーさんと協力しながら、新しい商品を考えだす仕事もしているのですが、常に「お客様は何を求めているのか？」ということを考えています。お客様が求めていない物は、どんなに売り口上がうまくても、最終的にお客様の心は動かないからです。

〝それがわかれば苦労しないよ！〟という商品開発の担当者さんの声が聞こえてきそうです。たしかに私も、いつも苦労しています。ですが、発想の手がかりにしているキーワードがあります。それは「悩み」です。

私は主に調理器具や掃除道具、美容器具といった「生活用品」を扱っていますが、生活用品に求められることの一番は「悩みを解消してくれること」でしょう。

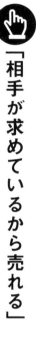

油汚れが落ちづらい、網戸の汚れが落ちづらい、普通の包丁やまな板では硬い野菜が切りづらい、足のかかとのガサガサが治らない……さまざまな悩みが生活の中には存在します。それらを解消してくれる物が目の前に現れた時、お客様の心は動くのです。

悩みのツボをうまく見つけて、ほどよく押してあげれば、それだけで、すでにある商品がふたたび爆発的に売れることもあるのです。

「ゴムポンつるつる」という商品がそれです。これは、ゴムの微粒子を表面に染みこませた特殊な布で、もともとは頑固な油汚れや湯アカを落とすための掃除用品でした。しかし、女性の「背中やお尻のプツプツが気になる」「普通のタオルではなかなか取れない」という悩みに気づき、背中、ひじ、ひざ、二の腕、お尻などの古い角質をやさしく取り除いて肌をツルツルに磨き上げる商品に改良したところ、大ヒットしたのです。

なにも画期的なアイデアを考えだすだけが能じゃありません。相手が求めていること（特に悩み）に気づくことも大事だと思うのです。

「心を動かす話には〝ビフォー・アフター〟が必要」

他人と会話をすることは、重要なコミュニケーションの一つです。会議や取引先相手のプレゼン、合コンなどで、相手の心を動かす「話し方」ができれば、どれくらい人生が豊かに、楽しくなるでしょう。

もちろん、話題そのものに魅力があれば簡単ですが、一般の人に週刊誌のゴシップネタのような〝誰もが気になる話題〟をいつも用意することは不可能です。お笑い芸人さんのようにささいな出来事を面白おかしく話すのもまた然りでしょう。

ですが、話の「構成」について意識しさえすれば、誰でもある程度、相手の心を動かす会話はできます。

その基本は「ビフォー・アフター」です。どんな話題でも、「今まで（ビフォー）はこうだったけど、今回は（アフター）こうだ」ということを意識して話すと、格段に面白さが増します。

たとえば、最近見た「ゾンビ映画」について話すとしましょう。多いのが「ゾンビ映画を作るスタッフの話で、まわりがどんどんゾンビになっていって……」と、頭から順にあらすじを話してしまうパターン。しかし、その話し方では、相手がよほどその映画に興味があるか、話し上手でないと、相手の心には響かないと思います。

では、ビフォー・アフターを意識した話し方ではどうでしょう。

「この前、ゾンビ映画を見てきたんだけど、すごく面白かったよ。というのも、ゾンビ映画って普通はホラーなのに、なんと今回はコメディなんだから！」

どうですか？　ゾンビ映画なのにコメディ？　どんなストーリーなの？　と、相手の話の続きを聞きたいと思いませんか？

この場合、

ビフォー＝「ゾンビ映画といえば普通はホラー」

アフター＝「だけど今回はコメディ」

（ビフォー）だけど（アフター）の、「だけど」が相手の心を動かすんです。

私の実演販売も、基本的にはこの「（ビフォー）だけど（アフター）」という流れに沿っています（今までの商品はこうだったけど、今回のこの商品は――というふうに）。

ぜひ今度、あなたの身近な出来事についても、**「（ビフォー）だけど（アフター）」**を意識して、話してみてください。

「相対的によく見えればいい」

人生はある意味「プレゼンテーション」の連続です。

仕事では他社よりも自社の商品を買ってほしい、同僚よりも自分に今度のプロジェクトを任せてほしいなどという場面で、取引き先や上司にプレゼンテーションをするでしょう。

プライベートでも、たとえば恋愛において、意中の相手にいかに自分が魅力的かをプレゼンテーションしたことがある人は多いのではないでしょうか。

「自分は自分、自己アピールなんてしたくない」と思っていても、競争社会にいる以上、自分をアピールしなければならない場面は必ずあると思います。

そうした時、どうすれば自分（の商品）をよく見せ、相手の心を動かすことができるでしょうか？　これにも覚えておいていただきたい心がまえがあります。それは、**「相対的によく見えればいい」**ということです。

先日、ＮＨＫの「高校講座」という番組に「プレゼンテーションの達人」として出演させていただきました。お題は「水」。どうすればただの水を、魅力あるものとして伝えられるのか？　もちろん、魔法の水のように言う必要はありません。病気が治る水だなんて言ってもそれは嘘になりますから。

私がテレビを通じて全国の高校生にお伝えしたのは、「他の国と比較する」という方法です。日本の水、特に水道水は他の国と比べてものすごく安全です。なぜなら、日本の水道水には51もの基準があり、それをすべてクリアしないと水道水としては利用できないからです。他にここまで厳しい国はありません。そこをピンポイントでアピールするのです。「魔法の水」なんて言うより、他の国と比べる方が「すごさ」が伝わるはずです。

他にも、たとえば就職試験の面接において、次のどちらが面接官の心を動かしやすい自己アピールだと思いますか？

❶「私は仕事ができます。学生時代からいろいろなサークル活動を積極的に行ってきたので、即戦力として御社の役に立つ自信があります」

❷「私は時間には正確です。普通の人はどうしても時間を守れなくなる時がありますが、私は約束の1時間前には行動するので、絶対遅刻しません」

どうでしょう？　①はどんなふうに仕事ができるのか、明確には伝わってきません。自画自賛という感じもします。一方、②の方は〝時間に正確である〟という具体的な部分にしぼり、かつ「普通の人は遅刻しがちだけど自分は違う」と、相対的によく見える言い方をしています。（ちなみに約束の1時間前ではなく、30分前でも5分前でもいいですが、具体的な数字をあげると説得力が増します）

他の包丁より刃こぼれしない、他のまな板より軽くて扱いやすい——何にでも万能な究極の道具なんて言うより、どれか一つの部分に特化して相対的によく見える方が、むしろ相手の心を動かしやすいのです。

「自分にあったやり方に気づく」

自分の適正や時代の変化に気づくことは大事です。どんなに一生懸命やっても、自分に合ったやり方、時代にマッチした方法でないと、成果は出にくいからです。

私は実演販売の仕事をしていますが、この世界に入った頃の実演販売士は、とにかく話し上手な、そして職人気質な人ばかりでした。10年20年30年という時間をかけて、言葉を精査し、磨き上げていく、まさに話芸です。もともと話し上手ではない私は、入ってすぐ「この人たちには勝てない」と思いました。一生懸命努力しても、その域にたどり着くには30年かかる……。

それでも、私は就職に失敗し（これについては後ほどくわしくお話しします）、他に道はなかったので、必死に修行しました。数年たち、ある程度実力がついたところで、ふと気づいたんです。これからの時代、一つの商品の売り口上を磨き上げていくより、商品に関する知識をたくさん学び、応用力をつけていった方がいいのではないか？と。

当時の実演販売士の方たちは、商品をあまりたくさん扱っていませんでした。せいぜい3商品くらい。一生かけて3つの商品を〝自分のモノ〟にするのです。それでも、昔は食べていけたんです。

しかし世の中にどんどん商品が増えていくのに、わずか3つだけでやっていけるとは思えませんでした。お客様ももっとたくさんの商品を扱ってほしいと思っているはずです。

もちろん今までのやり方では、簡単に商品を増やすことはできません。そこで私が行ったのは、〝**一つの商品で得た知識を他の商品に応用する**〟ことでした。

たとえば、「ミネラルウォーター」を扱ったとしましょう。一生懸命勉強して、私の頭の中には「水」の知識が残ります。それからしばらくして、「製氷機」を扱うことになったとします。すると、頭の中の「水」の知識が役に立つんです。氷は水からできていますから、実演販売で使う情報や言葉はある程度共通してくるのです。つまり一から勉強をしなくても、今度は「製氷機」の知識が手に入るというわけです。

そんなことを繰り返していると、自分の頭の中にたくさんの「引き出し」ができてきます。もし「コーヒー」という引き出しがあれば、似た「紅茶」の話が来た時にスーッと開ければいいのです。

この10年で私が扱った商品はおよそ1000です。つまり私の頭の中には、1000の引き出しがあるのです。その引き出しを開ければ、大体10パターンくらいの話ができますので、1000×10＝1万通りの実演販売ができるという計算になります。

さすがに1万通りは大げさかもしれませんが、このやり方でどんな商品でも話せる自信がつきました。一つの商品にこだわり、話芸を磨く方法では、この自信は手に入らなかったと思います。

もちろん一つのことをコツコツやるのも時には大事です。ですが、自分にあったやり方、時代にあったやり方に気づくこともまた重要なのだと、私は思います。

「自分の役割を一生懸命やればいい」

自分にあったやり方に気づこうといっても、そう簡単にはいかないかもしれません。人間は自分自身のことが一番わからなかったりしますから。そういう時はこう考えてください。とりあえず「自分の役割を一生懸命やればいい」と。

私は、テレビ番組に出演することが多いのですが、そこで気づかされたのがまさにそのことでした。テレビ番組において私が求められていることは、「面白い商品を紹介し、タレントさんのリアクションを引き出す」ことです。あくまで実演販売士として出演し、紹介した商品を見たタレントさんが「すごい！」と驚いてくれればいいのです。面白いことをしたり、言ったりする必要はないのです。

テレビに出始めの頃は「せっかくだから笑いを取ろう」とか「うまいことを言ってやろう」と思っていました。しかし、不慣れなことは緊張しますし、プレッシャーも感じます。結果的にうまくいかないこともたびたびありました。

しかし、ある司会者のおかげで、考え方がガラリと変わりました。仕事には何でも役割がある。その役割を一生懸命やればいいんだと。私の役割はもちろん、実演販売をすることです。

それに気づいてから、ものすごく楽になりましたね。なぜなら実演販売士に徹していれば、まったく緊張することがありませんから。自分にとって実演販売は日常そのものなので、緊張しようがありません。おかげでテレビ番組の仕事の依頼も順調です。

まずは、自分の役割を一生懸命やること。そうすれば、自分のやり方も、自ずとわかってくると思います。

「マツコさんと村上さんに気づかされた〝役割の大切さ〟」

「自分の役割を一生懸命やればいい」と気づかせてくれた司会者とは誰であろう、マツコ・デラックスさんと村上信五さんです。ご存じ、「月曜から夜ふかし」という番組を取り仕切っているお2人です。この番組にはよく出させていただいているんですが、最初に出演した時から〝目からウロコ〟でした。

その日はユニークなお役立ち商品を紹介するという役割でした。テレビカメラに向かって、いつも通り実演販売をスタート。この商品がどういうものか、どんなところが優れているかを説明した後、いよいよその商品の実演です。さあ、いよいよこれからが実演販売士の腕の見せどころ！　と、意気込んでいたら——

「ちょっと待って！　何なのコレ!?」

マッコさんが私の手を押さえつけて止めるんです。えーっ！　これからいいところなのに！　普通なら実演販売士の実演をお客様がさえぎるなんてありえません。比べるのはおこがましいですが、噺家さんの落語を途中でお客様が止めるようなものです。正直、戸惑いました。

でも、スタジオのお客様は大ウケ。そして、今度は村上さんがつっこんで、それがまたドッカーンとウケる。ああ、なるほど、これが「かけあい」というやつか。そして気づいたんです。テレビはこれでいいんだと。

実演販売は基本的にすべて自分でこなさなければなりませんが、テレビ番組では出演者同士のかけあいで見せていくもの。私はあくまで面白い商品を紹介する人として、笑いのボールを番組の主役にトスすればいいんです。たとえ途中でさえぎられても、それが面白ければオーケーなんです。

それに気づいて以来、普通のテレビショッピングでも、タレントさんとのかけあいを意識するようになりました。そうした方が、相乗効果で面白くなるからです。

大切なことに気づかせてくれたマツコさんと村上さんには、本当に感謝の気持ちでいっぱいです。

「自分の限界に気づく」

私にとって一番収穫があった気づきは、「自分自身の限界」に気づいたことです。この業界に入るきっかけになりましたから。

実は私は、テレビ関係のお仕事がしたかったんです。しかも、お笑い芸人とか、放送作家とか、ディレクターとか、テレビ業界でも花形の職業に漠然と憧れていました。

しかし、お笑い芸人になれるような笑いのセンスがないことは自分でもわかっていました。放送作家はというと、学生時代にコピーライター養成講座に通ったのですが、面白い言葉を考える才能は自分にはないと気づかされました。ディレクターは、番組制作会社の就職試験を片っ端から受けたものの全滅。

仕方なく、編集プロダクションでアルバイトを始めたのですが、インタビュー取材がうまくできず、物を書く才能もないと知らしめられました。

「人生、こんなにも思い通りにならないのか」と打ちひしがれましたね。それまでは大学受験もうまくいって、順風満帆だと思っていましたから、自信を打ち砕かれました。今思えば、人生最大の挫折です。

まさにお先真っ暗。何をどうすればいいのかわからないどん底で、ふと「実演販売」という言葉が頭に浮かんだのです。

もともと目立ちたがり屋だったので、テレビショッピングに出る仕事には以前から興味がありました。でも、そうしたテレビに出演する「演者」には、お笑い芸人同様、自分にはムリだと思っていたんです。だから裏方の方にチャレンジしたのです（放送作家やディレクターは裏方でもクリエイティブでカッコよさそうというミーハーな思いもありました）。

しかし結局は裏方もダメ。自分は何をやってもうまくいかない、何の才能もないと絶望したことで、何か吹っ切れたというか、開き直ったんでしょうね。「テレビに出たい」という気持ちを解放してやろうと思いました。以前から気になっていた実演販売の世界に飛びこんでやろうと。

まさに背水の陣でした。自分に実演販売の才能があるかなんてもちろんわかりません。でも、もう後がないから必死でやるだけでした。

朝から晩までずっとしゃべって……真っ白いキャンパスに一本一本線を描くように、知識や技術を吸収していきました。それが結果的によかったのだと思います。

もしあのままマスコミの世界にしがみついていたら、今、このように生活できているかわかりません。やっぱりなんか違うなって、やめていたかもしれません。

しかし実演販売の仕事は崖っぷちで始めたおかげで、必死で食らいついてこれました。

自分の限界に気づくということは、精神的にはとてもつらいことですが、その結果、本当の自分に気づくきっかけになります。

もし自分の本心に気づかないまま、別の人生を歩んでいたらと思うと……そちらの方が怖いです。同じような境遇の人がいたら、ぜひ勇気を出して自分の限界に気づき、その先へと進んでいってほしいと思いますね。

Column 1

レジェンド松下の、人生ワンポイントアドバイス！ その1

Q 物覚えが悪くて困っています。どうすれば松下さんのように〝スラスラ話せる〟ようになるのでしょう？

A 誰かに話すと心に記憶でき、やがて〝自分の言葉〟で話せるようになります！

私の実演販売には台本がありません。

なぜ台本がなくても話せるかと言うと、話の流れを〝心に記憶〟しているからなんです。

商談の時も、本当に重要な数字の部分などはメモをとりますが、大体は心に記憶するようにしています。その方が、内容の理解が深くなるからです。

メモは、〝取ること〟そのものに夢中になってしまうと、肝心の中身はさっぱり頭に入っていない、ということがよくありますよね。ですから私は、なるべくメモを取らないようにしています。

メモを取らなくてもいいくらい、私は記憶力バツグンなのでしょうか？　いえ、そんなことはありません。むしろ人より悪い方かもしれません。では、どうすれば心に記憶できるのでしょうか？

それは **〝誰かに話す〟** ことです。

高校時代もテスト前になるとよくクラスメイトに話していました。

たとえば、世界史のテストの前には、歴史上の人物について「どんな人だったと思う？」と、雑談するように話していたのです。

誰かに話すということは、相手に伝わるように内容を整理しなければなりません。

ですから、ただ暗記するより、深く心に刻まれるのだと思います。

もちろん、当時はそんなことは考えず、無意識にやっていたのですが、今となってはそれが正しい方法だと確信しています。

現在も、思ったことや気づいたことはどんどん人に話すようにしています。話すことによって内容がまとまり、どんどん心に記憶されるからです。

心に記憶されれば「自分の言葉」になり、人前でもつっかえず、スラスラ話せるようになります。

この「自分の言葉」で話すというのがとても大切です。

自分の言葉でないと、相手には伝わりません。

これは、話のプロである実演販売士だけに必要なことではありません。

人間関係すべてにおいて大切なことです。

〝普段から人に積極的に話す〟ことを意識して、生活してみてください。

第2章

愛されるために必要なこと

人柄のよさも松下氏の魅力です。その笑顔や、自然な振る舞いに接しているうちに、ついつい引き寄せられてしまうというお客様は少なくありません。そのように、まわりの人たちから好感を持たれ、愛されてこそ、仕事も人生もうまくいくのではないでしょうか。どうすれば人の心を動かして、自分を愛してもらえるのか？　その極意を探ります。

「まずは人に興味を持つ」

どうすれば自分を愛してもらえるか?——難しいようですが、実は答えは簡単です。それは「自分から相手を愛してみる」ことです。そうすれば、必ず相手から「愛」は返ってきます。

その一歩は「相手に興味を持つ」ことです。相手に興味を持っていなければ、愛情も友情も感じられるはずがありませんからね。どんな相手であろうと、興味を持って接してみることです。

たとえば、テレビのADさんにも、私は興味を持って接しています。アシスタント・ディレクター、要はディレクターさんの助手です。補助的な仕事をする人ですから、あまり深く接する必要はないのかもしれませんが、私は名前はもちろん、どんな性格なのか、仕事以外ではどんな生活をしてるのか、田舎はどこなのかなど、いろいろ興味が湧いてきます。(もちろん初対面の人に、あれこれ聞き出すわけにはいきませんが)

そのうち、相手が一番スムーズに仕事ができる方法はなんだろうと考えるようになります。たとえば連絡方法についても、ＡＤさんはいつも忙しいから、ＬＩＮＥの方が手っ取り早いかなとか。

実演販売の資料についても、いちいちメールでやりとりするより、「動画をユーチューブにアップしてありますのでご覧ください」と言った方が早い。テレビの人たちは動画を見る時間も惜しいでしょうから、大体３分くらいにまとめてあります。

ここまですれば、少なくとも私を嫌なヤツとは思わないでしょう。「このレジェンド松下って人とは仕事がしやすいな」なんて思ってくれたらしめたものです。

相手に興味を持つことが愛されるための第一歩。それができれば、相手の求めることも自ずとわかってくるはずです。

「愛されるための３つの言葉」

人間関係を円滑にし、相手から愛されるために、私が常に心に掲げている言葉が３つあります。それは**「求めない、許す、忘れる」**です。

まずは「求めない」。自分自身は相手の求めることをやろうと思う一方、相手には何も「求めない」ようにしています。

お皿がたまっているから洗ってほしいとか、自分がこう思っているのに「何でわかってくれないの？」とか、求めてもその通りにならないとイライラするからです。

お皿を洗わないのは他にやらなければいけない用事があるからかもしれないし、他人の考えを何も聞かず理解するなんてエスパーじゃない限り無理です。だったら最初から求めない方が気持ちが楽です。それに、こちらがイライラしなくなれば、相手も穏やかな気持ちで接してくれるでしょう。

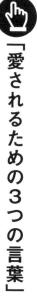

次に「許す」。もし理不尽なことをされて、すごく頭にきたら、アナタはどうしますか？気がすむまで怒鳴り散らす？　一生恨み続ける？　僕は「許し」ます。

実は昔、商売敵に商品のアイデアを盗まれたことがあったんです。ものすごく頭にきました。しかし、私は許しました。私が仏の心を持っているからではありません。そうじゃないと、その人との関係がそこで終わってしまうからです。

一度切れてしまった縁をつなぎ直すのは大変です。しかし、許しさえすれば、関係が途切れないだけでなく、前より絆が太くなることもあります。雨降って地固まるです。

そして、一度許したら、頭にきたことは「忘れる」ことです。いつまでもグチグチ考えていても、前に進みません。考えても仕方のないことは、さっさと忘れてしまうに限ります。

「求めない、許す、忘れる」、この３つが実践できれば、きっと誰からも愛されるようになるはずです。

「スマホの電話帳は誰でも〝さん〟づけ」

細かいことですが、スマホの電話帳に相手の名前と電話番号を入力するときは、どんな人でも「さん」づけです。

もちろん、スマホの電話帳なんてめったに他人からは見られません。「見られないんだったら気にすることなんてないいじゃないか」と思うかもしれませんが、自分自身が気持ち悪いんです。その人を呼び捨てにしているみたいで。

そういう気持ちって相手に伝わると思うんです。その本人だけでなく、普段の行動にも現れて、いろいろなことがうまくいかなそうな気がするんです。特にお客様は敏感ですからね。少しでも自分の悪い気を感じ取られないよう、細心の注意を払っています。

とにかく、見えない部分でも、清廉潔白でありたいと思う心がけが大事だと思います。

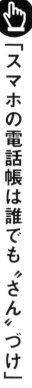

「買ってほしいと思わない」

矛盾するようですが、私はお客様に「買ってほしい」とは思っていません。「よろしければ買ってください」ぐらいの気持ちでいた方が、かえって売れたりするからです。

「買わなければいけない」と思うのは、お客様にとってすごくプレッシャーです。安心して商品の説明を聞くことができなくなります。ですが「断ってもいいですよ」という空気だと、お客様も落ち着いて商品のことを考えられるようになります。

自分は完璧に実演をするから、後は買うも買わないもお客様の自由。その余裕が大事です。たとえばＳＮＳにも、商品やテレビショッピングの告知などは一切アップしていません。買ってくれオーラがにじみ出てしまうので。それを見たフォロワーさんは嫌な気分になると思うからです。

一般の方でも、自己アピールのしすぎは逆効果。「私でよろしければ」ぐらいの気持ちでいることが、愛される秘訣だと思います。

「お金だけを目標にしない」

お金だけを目標にしない――これも実演販売士なのに矛盾しているようですが、実は一番大切な心構えだと思っています。事実、お金だけを目標にしているような人は、すぐに辞めていってしまいます。

お金だけを目標にしている人は、話し方から違うんですよね。うまく言えませんが、〝売りにいっている〟のが透けて見えます。嘘ではないんですが、商品説明が大げさなんです。本当はいいと思っていないのに、相手に勧めてるんじゃないかと勘ぐってしまいます。

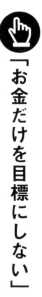

そんなことを続けていると、やがて本人は心のバランスを崩し始めます。自分に嘘をついているという意識があるからでしょう。いわゆる葛藤です。そんな状態では、仕事は長く続けられません。結局、足を洗って別の道に……という人を何人も見てきました。

私の目標は、本当にいい物をお客様に提供すること。自分が本当にいいと思った商品だけ、嘘偽りなくお客様に勧めています。「売れる」という結果は後からついてくると思っているからです。

しかし、私も〝良心の呵責〟を感じる時はあります。たとえば調理器具の実演を、ちょっと手の不自由そうなお年寄りの方が興味深そうにご覧になっていると、「買ってもうまく使いこなせないんじゃないか」と思います。

もちろん買うのは自由ですが、私はお客様に後悔してほしくありません。レジェンド松下から買ったら損したと思われたくないんです。ですから、そうした場合は、なるべく「無理して買わない方がいいですよ」と一言申し上げます。

そういうことを無視して、「売れたもん勝ち」というふうにやっていると、不思議と売れなくなります。売れなくなると「なんで買わないんだ」とさらに強引になって、ますます売れなくなる。悪循環ですね。

お金を目標にしないことが、結果的にはお金につながる。人間関係においても、損得を目的にしない方が、長く続いていくと思います。

「マイナスポイントは隠さない」

誰にでも人に言いたくない欠点や弱点はあると思います。私が扱っている商品にも、「ここは正直言いたくないな」というマイナスポイントがあったりします。しかし私は、そうしたマイナスポイントこそ最初に言うべきだと思っています。

たとえば、「超電水すいすい水」という商品。これは水だけが原料なのですが、特許技術でｐＨを12・5まで高めているため、水なのに油汚れが落ちる優れものです。ただし、昔から販売しているので、安い類似品がたくさんあるんです。それが弱点です。

もし、それに触れず、お客様が買った後に他に安い類似品があると知ったら？　あるいは実演販売の後半で、お客様に「他にも安い商品があるよね」と暴露されたら？　多くの人が私に「だまされた」と思うでしょう。

しかし、最初に言ってしまえば、ダメージを最小限にすることができます。たとえば、こんなふうに……

〈この何でも落とす「超電すいすい水」。本当にいい商品なんですけど、実は一つだけ欠点があるんです。昔からあるぶん、安い類似商品もけっこう出ちゃってるんですよね。でも、類似品は早く作るためにアルカリ剤を添加しています。本物は何も入れていません。もっと言うと、水道水に含まれているカルシウムや塩素も抜いているので、安全で水アカも残らないんですよ――〉

どうですか？　もう、類似品があることは気にならなくなったんじゃないんでしょうか。それどころか、「欠点も正直に言うなんて、この実演販売士は信頼できる」と思ってくれるかもしれません。つまりマイナスポイントをプラスに変えることができるわけです。

同じ欠点でも、あらかじめ知っているのと、後から聞かされるのとでは、相手の印象がだいぶ変わります。

日常生活でも、言いづらいことは最初に言ってしまう方がいいと思います。

「身近な人をライバルにしない」

どんなに仕事ができる人でも、常にまわりと自分を比較して、「自分の方がすごい」「あいつには負けたくない」なんて言っている人には、あまり近づきたくありませんよね。

私には他の実演販売士と張り合おうという気持ちがまったくありません。そもそも、**他の実演販売士をライバルだとは思っていません**から。

そんなことを言うと、「自分が一番だから相手にしないのか」と思われるかもしれませんが、そんなことはありません。同業者と比べてもいいことが一つもないと思っているだけです。

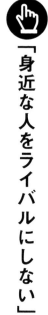

なぜなら、実演販売は、実演販売士同士の対戦ゲームではないからです。対お客様の商売ですし、人それぞれやり方や得意分野も違うので、勝負の要素がないんです。

私も若い頃は、他の実演販売士が気になって仕方がありませんでした。あいつはどれくらい売ったんだ？　俺の方がうまいって……。しかし、経験を積んで、実演販売がどういうものかわかってくると、そんなことはどうでもよくなりました。大事なのは、自分がどうあるべきかなのですから。

強いて言えば、科学実験でおなじみの「でんじろう先生」をライバルだと思っています。なぜならば、テレビ的には同じ立ち位置なんですよ、番組の盛り上げ役という視点で見ると。

でんじろう先生とは一度もお会いしたことがないのですが、職業というフィールドは違えど、同じ立ち位置の方として大変尊敬しています。

そういう方をライバルと思うことで、自分自身をもっと高めることができますし、身近な商売仲間との不毛な「どんぐりの背くらべ」をしなくてすむというもう一つの効果もあります。

人に愛されたければ、まわりと比べてはダメ。自分に自信を持てるよう、もっと大きな人をライバルと思うべきです。

Column 2

レジェンド松下の、人生ワンポイントアドバイス！ その2

Q 自分には人望がありません。どうすれば人に好かれる、ステキな人間になれるでしょうか？

A これがすべてじゃない――と、心に余裕を持つことです。

あなたのまわりで、ステキだな、カッコいいなと思う人は誰ですか？

私がステキだなと思う人は、あくせくせず、物事に動じない余裕のある人です。

そんな人になるにはどうすればいいでしょうか？ コレ！ という方法があれば私も教えてほしいですが、私はそうなれるよう、普段から心がけているのは、「これがすべてじゃない」と思うことです。

私は、実演販売が天職だと思っていますが、普段から、「もし何かの理由で続けられなくなっても、まあ他に仕事はあるさ」と思うようにしています。

誤解しないでほしいのですが、〝他にも仕事はあるから今の仕事は手を抜いていい〟と言っているわけではありません。後がないと思ってこの世界に飛びこんだのは前述した通りです。

それでも、いざとなったら「これがすべてじゃない」という気持ちの余裕を持って挑むことが、生きていく上では重要ではないかと思うのです。

「これしかない！」と思いこみすぎると、仕事も行き詰まってしまいます。

失敗してもいいし、売れなくても死ぬわけじゃない――と開き直った気持ちで、目の前の仕事に没頭すれば、「余裕のある人」になれると信じて、私は毎日生きています。

いまの世の中、何かあるとすぐ炎上したり、バッシングしたり、他人に不寛容というか、許せない風潮があると思います。でも心の根っこに、「これがすべてじゃない」という気持ちがあると、他人に対してもすごく優しくなれるはずです。

「失敗してもいいじゃん、笑ってればいいじゃん！」　そんなふうに思っていつもニコニコしていれば、いつの間にか誰からも好かれる人になっているはずです。

え、もし私が、実演販売を辞めたら何をするかって？

そうですね……とんかつ屋さんとか居酒屋の亭主とかいいですね。特に理由はないんですが、やっぱり私は人と触れ合うのが大好きなので！

第3章

「売る」のではなく「買ってもらう」

松下氏はよく「商品は売るのではなく買ってもらうもの」と言います。商売とはあくまでもお客様本位で、売る側が主導権を握ってはいけない……という意味だそうですが、「売る」のと「買ってもらう」のは同じでは？　と、ふと思ってしまいます。はたして、どう考え分けたらいいのでしょうか？　そこには、商売の本質、そして対人関係の真髄が隠されているようで……。

「そもそも買うことは楽しい」

「売る」のではなく「買ってもらう」。この2つの言葉の違いを明らかにする前に、そもそも「買う」とはどういうことか、考えてみましょう。

辞書によれば「金銭を払って品物や権利を自分のものにする」とあります。つまり、お金と品物の取り引きです。たしかにその通りですが、実際にはそれ以上の意味や価値があると思います。

基本的に「買う」という行為は「楽しい」ことだと思います。

スーパーで夕ご飯の食材を買う時も、100円ショップで文房具を買う時も、なんだかウキウキした気分になりませんか？ 大好きな趣味やファッションの買い物ならなおのこと。今風に言えば気分が〝アガ〟ります。

ただし、リスクも伴います。「お金が減る」というリスクです。楽しいからといって何でも買っていたら、必ずお金はなくなります。お金がなくなったら生活ができません。だから基本的に我々は、「買いたい」気持ちと「買ってはいけない」気持ちを天秤にかけながら暮らしているのです。

したがって、物を買ってもらうには、その「買ってはいけない」という心のブレーキを、外してあげることが必要となります。

「心のブレーキをどう外すか」

では、どうすれば心のブレーキは外れるのでしょうか。

商品自体が「何があっても欲しい！」と思うくらい、その人にとって魅力的なら苦労はありません。たとえば、大好きなアイドルの写真集が発売されたら、ファンは食事代を削ってでも買いたいと思うでしょう。

あるいは、生活していく上でどうしても必要なもの。たとえば食料やトイレットペーパーといった日用品です。中には「ティッシュ一箱でなんでこんなに高いの!?」と目が飛び出るような高級なものもありますが、常識的な範囲内であれば、基本的にあまりブレーキは踏みません。

あと、ものすごく安いものもブレーキをゆるませます。100円ショップなどがいい例ですね。「100円だから」と油断させるのがテクニック。あれもこれもとカゴに放り込んでいると、意外と高くついてしまうので注意が必要ですが……。

つまり、心のブレーキを外す要因としては、

- **絶対的に欲しいものである**
- **なくては困るものである**
- **ものすごく安い**

ということが挙げられます。

しかし私たち実演販売士が扱う商品は、残念ながらどれにも当てはまりません

私たちが扱っているのは、主に掃除道具や調理道具、美容グッズなどです。これはら基本的に一つあればいいもの、あるいはなくてもいいものです。

足のかかとの角質がツルツルになる――たしかにかかとのガサガサが気になっている人には便利で魅力的な商品しょう。でも、なくても死にはしない……。値段もそんなに安くはありません。

つまり私たちが扱っているのは「心のブレーキ」がゆるみにくい商品なのです。

仮に泣き落としや、押し売りのような形で〝売れてしまった〟としても、冷静になった時にお客様は必ず後悔します。それは本来の「楽しい買い物」ではありません。

私は〝お客様には楽しく買い物をしてもらう〟のがポリシーなので、そんな売り方は認めませんし、実際にそんなやり方では長く売り続けられないと思います。

本来、心のブレーキは他人には外せません。自ら「買いたい」と思わないとダメなのです。

「売るのではなく、買ってもらう」と私が常日頃から言っているのは、そういうことなのです。

「商品の〝人となり〟を伝える」

お客様が自ら「買いたい」と思ってくれるには、どうすればいいのか？　その第一歩として、**「商品そのものを好きになってもらう」**ことが挙げられます。

先ほど、「好きなアイドルの写真集は何がなんでも欲しくなる」と書きました。では、なぜ〝何がなんでも欲しくなる〟のでしょう。可愛いから、スタイルがいいから、歌がうまいから……いろいろ理由はあると思いますが、ファンというのはそういうものをひっくるめたアイドルの〝人となり〟すべてが好きだからだと思います。

したがって、私は商品の特徴だけでなく、どこでどう作られたのか、どんな人が作っているのかという、いわばその商品の〝人となり〟までも伝えたいと考えています。

そのために、新しい商品を扱うことになったら、必ずその商品を作っている工場へ足を運びます。同じ商品を扱っている実演販売士は数多くいますが、工場にまで足を運んでいる人は多くないと思います。

実際に作っている現場を見てみると、さまざまなことがわかります。たとえば包丁の切れ味と強靭さを実現するためにどう研いでいるのか。それがどれくらい緻密な作業で、どれくらい大変なことなのか。そういうことは、説明書を読んでも絶対にわかりません。

さらには、作っている人の顔も見えます。お客様にも「●●さんという人が、暑い工場の中で本当に苦労して作っている」と、見てきたことを伝えると「へぇ、大変なのねぇ」なんて、前のめりになって話を聞いてくれます。それこそ心が動き始めた証拠です。

そして、その商品を買った時点で、お客様は商品のファンになります。ファンは買ったことが嬉しいので、誰かに話したがります。近ごろはインスタグラムやユーチューブに「こんなの買ったよ」って、写真や動画であげてくれる若い人もいます。

そこまでしてもらえると、私自身も作る人の思いを伝えられて嬉しいですし、この仕事をしていてよかったなと思います。

人間関係も同じです。皆さんも、誰かと親しくなりたかったら、まずは自分の人となりを包み隠さず話してみてください。きっと相手も親近感を持って接してくれるはずです。そしていつか、あなたのファンになってくれるかもしれませんよ。

「ムリに売りにいかない」

お客様の心のブレーキを外し、「買ってもらう」ための心構えとして、二つめに大事なことは、「**売りにいかない**」ということです。

物を売る商売をしておいて「売りにいかない」とはどういうことかと思うかもしれませんが、簡単に言うと「ムリに買ってもらおうと思わない」ということです。私自身、「買いたくなったら買ってください」というスタンスで実演販売をしています。

なぜなら、買うか買わないかの決定権はあくまでもお客様が握っているからです。

どんなに〝買ってくれアピール〟をしても、その商品のことが気に入らなければ買ってくれませんし、せっかく「買おうかしら」と心が動きかけているのに、「どうですか？　一つ？　お願いしますよ」なんて急かされると、逃げ道を塞がれたようで不安になり、〝やっぱりやめた〟ということになりがちだからです。

とにかく、商品の魅力をしっかり伝え、後はお客様の心が動くのを待つこと。そのためには、商品について「自信」を持つことです。

私は、本当にいいと思う商品しか売りません。いいと思えないものは売る必要はないとすら思っています。だから、実演販売をしていても、〝これはいい商品なんだから売れない方がおかしい〟というくらい自信を持って売っています。だから、ムリに売りにいかないんです。

もし、「お願いですから買ってください」なんて言ったら、お客様は私がその商品に自信がないと思うでしょう。売る人間が自信を持てない商品を、誰が買いたいと思うでしょうか。

自信を持てば、売る言葉にも魂がこもります。

たとえば会社のプレゼンでも、自分の提案に自信を持って、堂々とアピールしてみてください。そして最後に、「プレゼンは以上です。後はどうぞごゆっくりご検討ください」と胸を張って言えば、相手は〝そんなに自信があるのか〟と興味を持ってくれるはずです。そうなったらしめたもの。後は、心が完全に動くのを待てばいいのです。

「好きなところを見つける」

自分の扱っている商品や、自分自身に自信を持つ――そうは言っても、あまり好きではないのに**業務命令で売らなければならなかったり、自分に自信が持てなかったり**する人も多いでしょう。

そんな時は、できるだけ商品や自分自身の「好きなところ」を見つけてください。どんな商品や人間にも、どこかしら「好きだな」と思えるところはあるはずです。

商品だったら、とにかく使ってみること。使っているうちに、「あ、この形がなんとなく愛着がわくぞ」とか、「説明書には載ってないけど、こうやって使うと便利だ」とか、いろいろなことが見えてくるはずです。

それこそ、あなたが自信を持つべきストロングポイントです。使ってみてあなたがそう思ったということは、お客様もそう思う可能性が高いからです。だから、正直に「自分でも使ってみたんですけど、ここが最高にいいんですよ！」と伝えればいいんです。実体験ほど相手の心に刺さるものはありません。

逆に欠点が見えたら、それも隠さず伝えること。黙っていてもばれますし、むしろ正直だと信頼されます。

人間関係もそうです。まずは自分自身を好きになること。自分のことを好きになれない人は、他人からも好かれません。いいところも悪いところも含めて、大いに自分を好きになってください。それが、目に見える自信となって、対人関係もきっとうまくいくはずです。

「心を動かす〝流れ〟がある」

売りにいってはいけないと言いましたが、何もしなくていいというわけではありません。お客様の心を「買おう」という方向に持っていく努力は必要です。

その一つに、セールストークの流れがあります。同じ売るにも、心を動かしやすい説明の順序があるのです。

私が扱っている商品に「Ｇゼロクッション」というものがあります。これは、特殊素材と特殊構造により、まるで無重力のような座り心地を実現した商品です。

この「Ｇゼロクッション」にも、売り方の「流れ」があります。私は台本を作らないと最初に言いましたが、流れをスマホにメモしたりはします。それが私にとっての台本です。そのＧゼロクッションのメモを、左に書き出してみました。

①たまごを割る
②Ｇゼロ（たまご）
③なぜ（指で↓面）
④無重力体感（実際に座ってもらう）
⑤耐久性
⑥通気性

⑦誰におすすめ？
⑧飛行機、勉強、スポーツ、仕事
⑨正座

他人に見せるためのものではないので、よくわからないかもしれませんが、それぞれ簡単に説明しますと……

①たまごを割る
まず普通のイスで生卵をお尻で踏みます。見事に、というか当然ながら割れてぐちゃぐちゃです。

②Gゼロ（たまご）
ところがGゼロクッションだと割れません。なぜ割れないのか？

③なぜ（指で↓面）
指で押すと柔らかくへこみますが、手のひらだと沈みこまない。つまり、お尻の硬い所は柔らかく沈みますが、お尻全体は無重力のように宙に浮いているんです。

④無重力体感（実際に座ってもらう）
お尻も、今までなら底に当たっていたのが、当たらず宙に浮かんでいるような状態にな

ります。だから座って非常に楽。まるで無重力の座り心地だから、〝ゼロ〟の〝グラビティ（重力）〟なんです。

――その後は、耐久性や通気性、オススメの用途といった話が続くんですが、流れで大事なのはこのあたりまで。特に重要なのは〝③から④への流れ〟です。

③はこの商品の「原理」を説明しており、この③という原理があるから④という商品の特徴が生まれるという流れです。

「AだからB」、つまり原因と結果です。このように、**原因があって結果がある**という流れがしっかりできていると、話はとても聞きやすくなります。

「流れを生みだす魔法の〝接続詞〟」

この、原因と結果の流れを生みだすのが「接続詞」です。〝しかし〟とか〝または〟といった、語句・文章をつなげるために使う言葉ですね。

私は実演販売において、この「接続詞」をかなり意識して使っています。接続詞を強調すると、見事に話に流れが生まれ、お客様の心に伝わりやすくなるからです。

中でも、「だから」という接続詞はよく使います。

試しに、私の実演販売の「売り口上」から、〝だから〟という接続詞を使っている部分を抜き出してみると……。

洗った時に表面の汚れは落ちるんですけど、見てください、包丁傷の奥に細く入りこんだ汚れは残念ながら落とすことはできなかったんです。だから皆さん使っていくと、こういう（包丁傷の黒い線で汚れた）状態になってしまっていたんですね――（カットバリアまな板）

耐熱温度がなんと260度！　非常に熱に強いんですね。だからキッチンまわりで大活

躍するんです――（パルスイクロス）

この包丁にはストーンバリアコーティングがしてありますんで、いくわよ！　切ったところに（食材が）まったくついてないんです！　**だから**普通にお手入れする時にはもうさっと水洗いだけでキレイになっちゃいます――（ストーンバリア包丁）

実はこれ、100％水から作られてるんですね。つまり界面活性剤とかリンとか酸とか、いわゆる化学物質を一切入れていません。**だから**今まで洗剤を使いたくなかった所に非常にオススメなんです――（超電水 すいすい水）

今まではこの油汚れ、べたつきってのが残っちゃいませんでした？　でもすいすい水の場合は……いくわよ！　汚れがサラッと分解する、**だから**拭き上げが非常に楽になる――（超電水 すいすい水）

「だから」は〝順接〟という接続詞です。前が原因、後ろが結果となることを示す言葉です。まさに「AだからB」ですね。（ちなみに、前の事柄から予想される結果とは逆の結

果になることを〝逆接〟といい、「しかし」「だけど」などがそれに当たります）

この「だから」を意識して使うと、日常会話もとたんに意味が伝わりやすくなります。

たとえば……

「おこづかいがなくなった。だから、お金ちょうだい」

「このままでは納期に間に合わない。だから、早く仕事して」

「部長に誘われて仕方なく飲みに行くことになった。だから、晩ご飯いらない」

ちなみに「だから」を使わないと……

「お金ちょうだい」

「早く仕事して」

「晩ご飯いらない」

すごくぶっきらぼうで、失礼な印象を受けませんか？　家族や友人など親しい間柄であっても、言われた方はいい気持ちはしないと思います。

しかし、ちゃんと「理由」を説明して、「だから」こうしてほしいと言えば、しぶしぶでも納得してくれるのではないでしょうか。少なくとも「なんだと!?」と、頭にこられることはないと思います。これは、相手の立場に立って話をするということでもあります。

意識して使うだけで話の意味を正しく伝え、人間関係も円滑にする接続詞は、**だから**魔法の接続詞なのです。

「人の心は〝北風と太陽〟」

まとめますと、売るのではなく「買ってもらう」には、次の３つがポイントとなります。

❶商品（あるいは自分）を好きになってもらう

❷無理に心を動かそうとしない

❸相手の立場に立って話す

つまりは、相手が心を動かしやすい状況を作り、邪魔をしないこと。人の心はムリに動かせないのです。まさに、イソップ童話の「北風と太陽」ですね。

逆に言うと、そうした状況を作りさえすれば、最後のひと押しで、心は「動く」ということです。

しかし、その最後のひと押しが、簡単ではないんですね。押しても全然買ってくれなかったり、押したつもりはないのに売れまくったり……本当に人間の心は読めません。（そこがまた面白いところなのですが）

次章では、そんなうつろいやすい人の心の「波」を、できるだけ自分に有利に引き寄せる方法を考えてみたいと思います。

Column 3

関係者が証言する〝レジェンド松下のここがスゴい！〟 その1

映像ディレクター　松下理さん

ここがスゴい！ POINT

・余計なことを言わないところがテレビ向き
・脱線しても商品という本筋に戻す修正力がある
・控えめなところがタレントに愛される

私がレジェンド松下さんと一緒にお仕事するようになったのは、日本テレビの「ポシュレ」という通販番組のディレクターをしていた時に、番組に出演してもらったのがきっかけです。

たくさんの実演販売士の方とご一緒しましたが、レジェンドさんはすごくテレビ的に完成されている人だなと、初めてお仕事した時から感じました。

実演販売というのはそのままやると、お決まりの口上などに時間がかかり、テレビ向けではないんですが、レジェンドさんはそうした事情をわかっているのか、余計なことは言わず、まず〝つかみ〟でバーンと結果を見せて、そしてこうこう、こんなこともできますよと端的に実演してくれるので、ディレクターとしては非常にやりやすかったことを覚えています。

また、カメラを向けたらちゃんとリアクションしてくれて、まるでタレントさんのようでした。そこまでテレビの勘がいい実演販売士さんは、今でもなかなかいないですね。

とはいえ、〝自分はタレントではない〟ということもちゃんと理解していて、商品以外のことを話したり、タレントさんの話の腰を折ったり、勝手な方向に話を持っていかないのがレジェンドさんの真骨頂だと思います。

これはとても重要で、実演販売士という半ば裏方の人間が目立ちすぎると、表方であるタレントさんの気持ちが引くんですね。「俺が主役なのに」と。

でも、レジェンドさんはあくまでも黒子に徹します。そういうところのさじ加減が絶妙にうまいですね。

あと「修正力」もすばらしいと思います。

たとえばマツコさんの番組では、しょっちゅうマツコさんがレジェンドさんをいじって話を脱線させるんですが、レジェンドさんはほどよいところで話を本筋に戻そうとします。あれは簡単なようでなかなかできないですよ。テレビに慣れてない人だと、本筋とは違うところで盛り上がってしまって、「結局この人は何をしに来た人なんだ?」と、視聴者からも思われてしまいます。

街中の実演でもそうだと思いますが、攻めれば攻めるほどお客さんは守りに入って気持ちが引くんです。でもレジェンドさんは攻める一方じゃないから、客側からもちょっと興味を向ける間（ま）がある。そして、一歩引いた感じだから、誠実に見える。「この人ウソついてないな」って。このバランス感覚は一級品です。

押し出しが強すぎてもダメだし、引きすぎてつっこまれまくってもダメだし……そのあたりの感覚がレジェンドさんは絶妙なんですよね。

さらに、言うと、「笑顔で逃げる」のがうまい。いつもニコニコ笑顔で、タレントさんにつっこまれても、笑顔だけで余計なことは言わない。それが誰にでも好かれる理由なんじゃないでしょうか。

第4章 心の「波」を引き寄せる

松下氏いわく、実演販売には〝波〟があるそう。この波が来ないとどんな人気商品も売れないし、逆に波が来ている時は面白いように売れるのだそうです。たとえば、「もう今日は店じまい！」と、商品を片づけているにもかかわらず、次から次へと売れる時があるのだとか。こうした「思うようにならない」ことは、人生や人間関係にも通じること。上手に相手の心の「波」を引き寄せるにはどうすればいいのでしょうか？

「ほとんどが〝買わされたくない〟と思っている」

皆さん、服は買いますか？

現代社会では裸で外を出歩くことはできませんから、服を買うか作って着るしかありません。ほとんどの人が既製服を買うことでしょう。

近頃はネット通販で買う方もいるそうですが、私はやっぱりお店に行って、手にとって材質や着心地などを確かめて買いたいです。どれにしようか、あれもいいなと、悩んだり迷ったりするのも買い物の醍醐味の一つですよね。

そのように、買いたいと思ってお店に来ているのに、ほとんどの人が、店員さんにあまり話しかけてきてほしくないと思っているようです。かく言う私もその一人。店員さんが近寄ってくると、「あ、こっち来た。来ないで……」って思っちゃいます。

矛盾ですよね。買いたいのなら、積極的に店員さんの説明を聞いて、買うという方向に自らの心を持っていくべきです。しかし、実際は店員さんが来ると目を逸らしたり、逃げてしまったり……。これって一体どういうことなんでしょう？

それは、ほとんどの人が「買いたい」けれど、「買わされたくない」と思っているからです。店員の人が近寄ってくると「買わされるかも」と身構えてしまうのです。これは、ムダなものは買わないようにしようという、消費者の防衛本能なのかもしれません。

ですから私の実演販売だって、お客様は心の中では〝買うもんか〟と構えているはずです。「この、レジェンドなんとかっていう男には、絶対にダマされないぞ」って（笑）。

こうした状況で、いかにお客様の心を動かし、自らの意志で「買う」という方向に向かわせていくか？

これは、商売に限りません。対人間関係においても同じことだと思います。初めて会う人同士というのは少なからず警戒心を抱いているものですから、その心の壁をどう突破して、よい関係を築き上げていくか。

その方法の一つとして、相手の心の「波」をうまく引き寄せる、ということがあげられます。

「〝つけ入る隙〟を与える」

お客様の心に「波」があると感じたのは、とある実演販売の現場においてです。

実演販売は長い時は1日8時間も現場に立つことがあるのですが、その間には、まったくというほど売れない時間帯というのが、必ずあります。

その日も、最初のうちはよかったのですが、後半どうも調子が悪くなって、いっこうに商品が売れません。こちらも〝売ろう〟と思えば思うほど、その焦りがお客様に伝わるのか、ついには誰も近づいてきてくれなくなりました。

お客様が一人もつかない状態で延々と2時間の実演。これはツラいですよ。

「あぁ、今日はもうダメだ――予定時刻も近づいていることだし、今日は早めに切り上げるか――と、実演道具の後片づけをし始めてしばらくした頃です。ふっと背後に人の気配を感じました。振り返って見ると、一人のお客様が、テーブルの上に置いてある商品を、興味津々に眺めています。

私もしばらくその様子を眺めていたのですが、「あっ」と気づいて「これはですね――」と説明を始めました。するとそのお客様は、「ふんふん」とうなづきながら素直に説明を聞いてくれます。

「これだ！」と思いました。あれほど熱心に実演していた時は、遠くから眺めるだけで近づいてもきてくれなかったお客様が、後片づけをするために後ろを振り向いたほんの一瞬の〝隙〟に、こんなにも近づいてきてくれたのです。そう、私自身に〝お客様がつけ入る隙〟が生まれていたのです。

それ以後、意識して観察してみましたが、やはり片づけている時にはけっこう売れるんですね。こちらに売ろうという気がないのが明らかなので、お客さんは安心して近づいてこられるんです。

そんなふうにお客様の心の「波」を引き寄せてしまえば後は簡単です。扱っている商品がいい物であるという自信はそもそもありますから、面白いほど商品が売れます。

逆に言うと、お客様の心の「波」を引き寄せていない状態で、どんなに頑張っても商品は売れません。

たとえば、街中で、歩いているお客様に「いらっしゃーい、いらっしゃーい!!この商品は……」と声を枯らしながら声をかけている店員さんがいますが、これは正直、時間と労力のムダです。はっきり言って、その言葉はお客様の心には届きません。たまたまその商品を買いたいと思っている人が通りかかれば別ですが……。

私はそんな時は、あえて下を向いて、ブツブツ独り言のように言いながら道具を準備したり、手を動かしたりして待ちます。こちらから「お客さん!」なんて声をかけたりは、絶対にしません。

するとと通りがかった人は、「ん？　こんなところで何をやろうとしてるんだ？」と興味を持ってくれます。そして、テーブルの上に置いてある実演道具や商品を見て、「あ〜、実演販売か……どんな物を売っているんだろう？」と、さらに興味をかき立てられます。そして徐々にテーブルに近づいてきて、ジーッと商品に注目し始めた時が頃合い。「これはですね……」とおもむろに語りかけるのです。

この絶妙なタイミングが肝心。するともうお客様は逃げられません。言い方は悪いですが、飛んで火に入る夏の虫。最終的に買ってくれるかどうかは別にして、商品説明はしっかりと聞いてくれます。

これがもし、最初から私が「ちょっと、そこのお客様！」なんて、手ぐすね引いて待ち構えていたらどうでしょうか？　何をしているのか、何を売っているのかも知らないまま、目を逸らして足早に通り過ぎていってしまったでしょう。あまりに売ろうという気持ちが強いと、かえって商機を逃すことになりかねないのです。

人間関係でも、弱みを最初に見せた方が、相手は安心しやすいとも言われます。誰とでもすぐ仲良くなる社交的な人を見ていると、すました二枚目というよりおどけた三枚目のキャラクターの方が多いように思います。

それが、「狙って」のことなのか、「天然」なのかはわかりませんが、つけ入る隙がないほどビシッとしている人より、気軽に話しかけられるのは明らかでしょう。

相手の心の「波」を引き寄せるには、とにかく〝つけ入る隙〟を作ることが大事なのです。

「〝応援したい〟と思わせる」

相手の心の「波」を引き寄せる方法として、つけ入る隙を与える他にもう一つあります。それは、「応援したい」と思わせることです。

たとえば、学生時代、こんなことがありました。

私は地元が横浜なので、小さい頃からベイスターズの大ファン。浪人生の時も、受験勉強の鬱憤ばらしを兼ねて、横浜スタジアムで売り子のアルバイトをしていました。

野球場の売り子といえば普通はビールですが、僕にあてがわれたのは「コーヒー」。はっきり言って、野球を見ながらコーヒーを飲みたい人なんてそんなにいるわけがありません。案の定、最初はまったく売れませんでした。

しかし私は「どうしたら売れるのか」を必死で考えました。売る商品に絶対的なニーズがない以上、待っていても売れません。何か他に〝買いたい〟と思う動機を作りださなければ……。

そこで私は、攻守交代のタイミングを狙って、「すみません、聞いてくださーい！」と叫びました。普通の売り子は、自分からお客様に話しかけることなんてありませんから、お客様は「えっ？」と一斉に注目。そこですかさずこう続けたのです。

「次の回、ベイスターズが点を取ったら、コーヒーを買ってください！　今日はまったく売れてなくて、浪人生でこのままじゃバイト代がもらえないんです！」

簡単に言えば、「情に訴えた」んですね。それだけで何人かは買ってくれました。

もちろん情に訴えただけでは、それ以上は望めません。私はさらなる作戦を考えました。

その日以降、同じように〝情に訴える〟作戦でお客様の心の波を引き寄せると、さらに買ってくれた人に手書きで作った応援歌を配ったり、「優勝するぞ〜！」とウェーブを起こして場内を盛り上げたりした結果、通常なら1日20〜30杯売れたらいいコーヒーを、なんと一日200〜300杯も売ることに成功したのです。

勘違いしないでほしいのは、情に訴えれば何もかもうまく行くわけではないということ。世の中そんなに甘くありません。しかし、最初にこちらに振り向かせるための〝つかみ〟や〝動機づけ〟として利用するのは非常に有効だと言いたいのです。

「ふるさと納税」という仕組みがありますが、あれも返礼品が魅力的であったり、節税になったりという理由はあるものの、基本的にはその自治体を「応援したい」という気持ちが、最終的に納税する＝心を動かすトリガーになっていると思います。

人は「応援したい」と思う時に、心が動きやすいのです。

「〝リアクター〟でさらに波を引き寄せる」

なんとか頑張って、２～３人のお客様が立ち止まってくれたとします。しかし、２～３人のお客様だけを相手にしていても、商売にはなりません。もっと多くのお客様に集まってもらいたい――

そんな時、すでにいるお客様の「リアクション」を、うまく利用するという方法があります。

お客様の心は「感染」します。元気がよくて明るくて、買う気マンマンで「うん、うん」とうなずいてくれるお客様が一人でもいらっしゃると、他のお客様もつられて「うん、うん」となってきます。集団心理というのは不思議なものです。

そういうリアクション上手なお客様を、私は敬意をこめて「リアクター」と呼んでいます。いいリアクターをいかに見出すかが、実演販売の前半戦の鍵となります。

最初についてくれたお客様がこのタイプだと、とてもラッキーです。その方を相手に実演販売をすればいいのですから。その方のリアクションにつられて、いつの間にかお客様の輪ができていた、なんてこともしょっちゅうです。

しかし、そういうリアクション上手じゃないお客様（リアクションが薄い、あまり買う気がない、商品について懐疑的、明らかな冷やかし）の場合はどうするか？　答えは「いいリアクターが現れるまで待つしかない」です。それくらい、リアクションは大事なのです。

ですから、もし飲み会などで、「主導権を握りたいな」とか、「自分に注目を集めたい」とか思ったら、自分の話を少しでも「うん、うん」と聞いてくれる人をまわりに探しましょう。そして、その人に対して積極的に話しかけるようにするのです。

すると、あなたが何かを話すごとに「へ～」とか「そうなんだ」という空気が生まれ、まわりにも〈盛り上がっているな〉〈面白い話かも〉という雰囲気が伝わりはじめます。

そうなったらしめたもの。後は自信を持って話をすればいいのです。

より多くの人の心の波を引き寄せるために、この「リアクター」という存在を、うまく利用してください。

「リアクターを〝作りあげる〟」

リアクターは本当に重要です。いいリアクターがいるかどうかで、その場の雰囲気がガラリと変わります。

たとえばテレビショッピング。基本的な出演者は、実演販売を行う人間と、それを見るタレントさんで構成されます。このタレントさんこそが「リアクター」です。「へえ〜、すごい！」「ほしいわ！」とリアクションしてくれることで、さらにその商品のよさが際立ちます。

実生活でも、こうした「リアクター」がいると、会話や商談が弾みます。その場に「うんうん」と興味深そうに話を聞いてくれる人がいたら、その方に積極的に「話しかけましょう」と前段ではご説明しました。

しかし、そうしたリアクターが見当たらない場合はどうすればいいのか。私も実演販売をしていて、「これ以上待ってもいいリアクターは現れないな」と思うことがあります。そういう時はリアクターを〝作る〟という裏ワザがあります。

たとえば、《どんな汚れも落とす魔法の掃除用雑巾》を売っているとします。いざ、その商品を実演する時にこう言うんです。

「もしこの汚れがキレイに取れたら、お客さん、ぜひ驚いてくださいね！」

これ、不思議と効くんです。「言われたらやらなくちゃ」という心理が働くからでしょうか。私は心理学者ではないのでそのへんのメカニズムはわからないのですが、経験上、こうお願いして〝まったく驚いてくれなかった〟ことはほとんどありません。

実生活で応用するのは少し上級者向けですが、商談の場合でしたら〝相手に感想を言わせる〟というのもいい手です。たとえば新しいスナック菓子を売りこもうと試食してもらった瞬間、「どうです、おいしいでしょ？」と聞くのです。

そう聞かれて、「いや、まずい！」と言い返せる人はそうはいません（本当にまずかったら仕方ありませんが……）。「うん、なかなかおいしいね」というリアクションを足がかりに、「そうでしょ？　その秘密は味付けにありまして……」と畳みかけていけばいいわけです。

そこまで臨機応変にこなせないという場合は、最初からリアクターを連れていくという手もあります。

商談でしたら、上司や部下、同僚といった〝身内〟を同席させるのです。特に何かをやってもらう必要はありません。ただその場にいて、「うんうん」と頷いてもらうだけでOK。それだけで、商談の場が〝前のめり〟な雰囲気になります。

飲み会などでしたら、気心の知れた仲間を誘うこと。あなたが何かを話したら、「そうそういつはそういうところがあってさ――」など、いちいちリアクションしてもらうのです（もちろんあなたもしなければなりませんよ）。

リアクターの存在が、あなたの話を何倍にも魅力的にしてくれるのです。

「〝よくない〟リアクターはなるべくスルー」

なんでも素直に「うんうん」とうなずいてくれて、「へ～」と驚いてくれるいいリアクターがいる一方で、そうではないリアクターもいます。

たとえば、私が実演をしていると、いちいち話しかけてくるお客様がいます。その話が商品に対するいい感想だったらいいのですが、大体は「それって本当は難しいんじゃないの？」とか、「こないだ同じようなの売ってたわよ」とか、ネガティブなことを言ってきます。

そうしたお客様も、もちろんお客様ですから、「いや、そんなことありませんよ」とか「どこで売ってました？」とか、真正直に対応すべきだという意見もありますが、私はなるべく〝スルー〟させてもらいます。こちらの調子も狂いますし、まわりにもなんとなくネガティブな空気が伝わりますから、私にとっても、他のお客様にとってもいいことはありません。

皆さんのまわりにもいませんか？　会話をしていると、「いや、でもそれはさ〜」と、いちいち話の腰を折ってくる人。そういう人は、反対意見があるから言っているのではありません。とりあえず反対することで〝目立とうとしている〟にすぎないのです。

そうした人にいちいち反論するのは逆効果。相手のペースに引きずりこまれ、こちらの〝分〟が悪くなってしまいます。

ですから、そうしたリアクターと対峙してしまったら、とにかく〝スルー〟です。ただし、あからさまに無視をすると角が立ちますから、たとえばこんなふうに……

「なるほど、そういう考えもあるね。で、話の続きなんだけど――」

「へぇ、そうなんだ。よく知ってるねえ。それでこっちの話は――」

上手にかわすことが重要です。

自分にとって都合の悪い意見はすべてシャットアウトしろということではありません。会話に必要な反論であるなら大いにすべきだと思いますし、それで話が盛り上がるということもあります。

しかし、議論が目的ではなく、あくまで「商談をうまく運びたい」「自分の考えをうまく伝えたい」などという場合は、なるべくよくないリアクションは避けるべきです。

よくないリアクションは遠ざけ、いいリアクションだけを身近に引き寄せる。これが相手の心を動かすお膳立てとなるのです。

「〝あきらめる〟ことも必要」

相手のつけ入る隙を作ったり、応援したいと思わせたり、いいリアクターを探したりしたけれど、どうしても「相手の心の波を引き寄せられない」と思う時があります。

たとえば、実演販売で2時間ずっとしゃべっているのに、一つも商品が売れない……。

若い時は「どうしよう、売れない」と焦っていましたが、今は「仕方ない。そういう時もあるさ」とあきらめるようにしています。だって、他に方法がないから〝仕方ない〟のです。

経験上、焦っても意気込みばかり空回りして、かえって逆効果ということがほとんどです。むしろ〝今日はもうムリだ〟と後片づけをしている時の方がよく売れたりすることは、先ほどもお話しした通りです。

ですので、「今日はなんとなく調子が出ないな」とか「うまく話が進まないな」という時は、いさぎよくあきらめる方が効率的です。

商談の場でしたら「あまりお時間を取らせても失礼ですので、今日のところはこれで失礼します」などと言って日を改めた方が、おたがいの貴重な時間も心理的負担も最小限ですみますし、前向きな雰囲気でその場を終えることができます。チャンスは一度きりではないはずです。

第二章で、人に愛されるためには「許す」ことが肝心と言いましたが、「あきらめる」こともそこにつながります。相手を許すためには、「自分の力ではどうにもならないこと」だと、あきらめる必要があるからです。

改めて言いますが、人の心は「波」と同じです。引いていく波をいかに止めようとしてもムリな話です。

それよりも、うまく波を引き寄せ、タイミングよくその波に乗ること。それを繰り返していけば、きっとアナタの人生の波も、いい方向に向いていくに違いありません。

Column 4

関係者が証言する〝レジェンド松下のここがスゴい！〟その2

協和工業　取締役　中村直樹さん

（スーパーストーンバリア包丁、ファイブセカンズシャインなどを製造販売）

ここがスゴい！ POINT

・いいものを正しい価格で売ってくれる
・生産者と消費者の架け橋になってくれる
・人柄のよさがお客様の信頼につながっている

弊社は1956年に創業。フライパンや鍋などキッチン用品を製造する工場からスタートしました。しかし時代の流れで海外から安いフライパンなどが大量に入ってくるようになると右肩下がりになり、数年前まで保温用の水筒をメインに細々とやっていました。

それがレジェンド松下さんと出会ってガラリと変わりました。

出会ったきっかけはとある展示会。弊社が展示していた真空保存容器を松下さんが見て「それ、テレビショッピングでやらしてもらえませんか」と声をかけてくれたんです。

その後しばらくして、「一緒に組んで何かやりませんか」と松下さんに打診されました。うちももともとキッチン用品を手広くやっていたので、ノウハウはあります。「じゃあちょっとやってみましょう」と本格的に共同開発を行うようになったんです。

現在は松下さんと一緒に開発したフライパンや包丁、最近は爪磨きやかかとの角質削りなど美容商品にも進出し、幅広くやらせてもらっています。

松下さんと出会って、扱う商品が増えただけでなく、売り上げも倍増しました。

売り方も180度変わりましたね。

それまでは安いものを輸入して売っていただけでした。いわゆる薄利多売ですね。競合商品よりも値段を下げるところでしか勝負できなかったのですが、松下さんと出会ったことで、「商品の付加価値」で勝負できるようになりました。

というのも、松下さんがわかりやすく、情熱を持って、商品のよさを紹介してくれるので、〝いいものが正しい価格で売れる〟ようになったからです。

松下さんと出会う前は、水筒1個1000円からせいぜい2000円ぐらいでしたが、今は包丁1本8300円で売らせてもらっています。すごい差ですよね。もちろんそれだけのコストがかかっているからこその値段です。

大手企業だったら1個10円の利益でも何万個売れれば元が取れますが、中小企業はやはり付加価値のある商品を適正価格で売っていかないと生きていけません。

商品づくりのアイディアも松下さんからいろいろと出してもらっています。

松下さんは、売る立場から、〝どんな機能だったらお客さんに響くか〟〝どんな商品名だったらお客さんの目にとまるか〟をアドバイスしてくれるので、メーカーとしては非常に助かっています。作る側にはお客さんの生の声は伝わりづらいですからね。

〝角質削り器〟も松下さんのアイディアから生まれた商品です。もともと「ファイブセカンズシャイン」というブランド名の爪磨き器だったんですが、それを「かかとの角質削りに応用したらどうか」と言ってくれたのが松下さんなんです。以前に別の角質削り器を売っていて、それがお客さんにすごく好評だったからだそうです。「ファイブセカンズシャインならもっといい商品になる」と。

さっそくサンプルを作って試したら、本当にかかとがツルツルになって、今までにない商品が出来上がりました。それをテレビで紹介したら、たちまち大ヒット！

このように、お客様との架け橋になってくれるのが松下さんです。

この〝架け橋〟の部分で苦労しているメーカーさんは多いと思うので、そういう意味では弊社は非常にラッキーです。

最後に、松下さんが他の実演販売士さんと違うところは、人柄だと思います。

私はプライベートでも松下さんと仲良くさせてもらっていて、しょっちゅうお酒とかも飲んでるのですが、本当に人柄がすばらしいんです。これはお世辞じゃありません。

社会的に地位の高い人だろうが、私たちのような同業のスタッフであろうが、分け隔てなく人のことを大切にするし、ご自身の家族も当然のことですがすごく大事にしています。テレビショッピングの収録の時も、ちょっとの空き時間があったら、お子さんの面倒を見るために家に帰るくらいですからね。

そうした人柄のよさが、お客さんにも伝わっているのだと思います。テレビでも、出演者の方との何気ない会話の一つ一つに、それがにじみ出ていると感じます。

やはり商売は人柄がものを言うのだなと、松下さんを見ていつも反省させられています。

第5章

〝心を動かす〟人と出会う

相手の心を動かすには、人の心を動かすような個性、熱意、人格を持った人との出会いが重要だとレジェンド松下さんは言います。松下さん自身は、これまでどんな人と出会い、心を動かされてきたのでしょう。かけがえのない出会いの数々を振り返ってもらいました。

【父】

私の心を動かした人、一人目は父親です。

父、松下洋は、三菱電機という家電メーカーのデザイナーでした。

私が小さい頃は、家電の街・秋葉原によく一緒に連れていってもらいました。そこにいたのが実演販売士です。テンポのいい語り口、派手な身振り手振りに、小さいながらも「すげー！」と、目を輝かせながら見ていたのを子供心に覚えています。たしかそこで、手品用品などを買ってもらったはず。懐かしいですね。

もちろん、その時はまだ実演販売士になろうなんて思ってもいませんでしたから、父が実演販売士になるきっかけを与えてくれた人というわけではありません。

心を動かされたのは「父の言葉」です。それも、実演販売士になってずっと後のこと。仕事をすることがどういうことか、少しずつわかり始めてきた時でした。

その言葉とは、

「仕事は絶望の繰り返し」

小さい頃、私は父のやっているデザイナーという仕事が、カタカナ職業ということもあり、ちょっとカッコイイというか、苦労もあまりなさそうというか、「はい、こんなデザインにしたから後はヨロシク」みたいな感じでやっているのかなと思っていたんです。

しかし、自分も仕事をするようになり、デザイナーという仕事がいかに大変な職業かよくわかりました。私はメーカーさんと一緒に商品づくりをすることも多いんですが、「後はヨロシク」なんてとんでもない！　メーカーのリクエストに応じて、何度も何度も考えては、何度も何度もやり直しさせられる……まるで修行です。

「こんなデザイン」じゃなくて、「どんなデザイン」なのか？　必死に想像しながら、クライアントのイメージに少しずつ近づけていく作業。しかし、これがなかなかイメージに近づかない！　なんとも地道な作業が延々と続くのです。

まさに、父の言葉の通り「絶望の繰り返し」です。今風に言うなら、トライ・アンド・エラー。

でも仕事というのは、デザインに限らず、そうした絶望を繰り返して精度を高めていくものではないでしょうか。絶望の先に初めて成功があると思うんです。

僕の仕事もそうです。最初はうまくお客様に心が伝わらなくて、どうすれば物が売れるのか悩みながらここまで来ました。途中、何度もこの仕事を辞めてやろうと思いました。

結局仕事とは、自我を捨てて「あるべき答え」に寄せていくことなのだと思います。自我を出すことは芸術家のやることであって、我々一般の仕事人は、その答えに合わせて努力していくことが必要だと思います。

しかし、「絶望」を繰り返し味わいながら、それでもめげずに頑張ってきたからこそ、今の自分があるのです。そしてどんな商品にも、そうした絶望の繰り返し、すなわち「物語」がある。それに気づいたことで、仕事の仕方も変わりました。

先にも言いましたが、私は商品を作る工場に必ず見に行って、どんな人がどんな思いで作っているのかを学んできます。それを、お客様の前で紹介するんです。するとお客様は熱心に聞いてくれます。ご自分も仕事や家庭でいろいろ苦労しているからでしょう。

先日、「ゴムポンつるつる」という商品を日本テレビの深夜番組「月曜から夜更かし」で実演したら、その商品を作った方がすごく褒めてくれました。「伝えたいことが3分の実演の中にすべて入っていた」って。いやあ、すごく嬉しかったですね。

あるべき答えに自分を寄せていけば、多くの人が喜んでくれる。

それを教えてくれたのが、父の言葉でした。

ちなみに父は同じことを、私の結婚式でも言っていました。「結婚も絶望の繰り返し」だと。これについても、「たしかに！」ってうなずけるところが多いですね（笑）。

【師匠】

私の実演販売の師匠は、ベテラン実演販売士の「和田守弘」です。

私は大学を卒業後、実演販売士になろうと、今も所属している「コパ・コーポレーション」という実演販売士の会社の門を叩きました。当時は中野坂上に事務所があって、訪ねていったら「いろいろ教えてもらいなさい」と紹介されたのが和田さんです。

当時、和田さんは、商品開発もするフリーの実演販売士で、「コパ・コーポレーション」にも商品を卸していた関係で、コパの社長とはよく見知った仲だったのです。どこの馬の骨とも知れない大学出の若者がはたして使い物になるかどうか、その道ウン十年のベテラン実演販売士の和田さんに、見極めてもらおうと思ったのかもしれません。

和田さんは、昔ながらの古風な実演販売士でしたが、ものすごくいい人でしたね。昔は怖かったらしいですけど、僕が弟子入りした時はすごく優しかったです。

まず教わったのは、「誰に対しても謙虚であれ」ということ。メーカーの人や実演販売士仲間、実演をやらせてもらうデパートの担当社員はもちろん、会場の警備員をしてくれる人にも「ちゃんと挨拶をしろ」と口すっぱく言われました。

「そういう人たちからも、会場の空気は全部作られているんだぞ」と。

「空気」とは「雰囲気」とも言い換えられるかもしれません。実際にお客様を目の前にして行う実演販売にとって、その場所の空気はとても大事です。空気が悪いと売れるものも売れません。そしてその空気は、場所にいるすべての人から醸し出されるもの。だから直接は関係ない警備員さんにも、「なんだあいつは」と思われないよう、挨拶を忘れるなということを和田さんは言いたかった――と今だからわかります。

そういう基本的な心構えを、最初の〝真っ白〟な時に教わったというのは、すごく重要だったなと思います。今も当たり前のこととして身についています。私は現場に行ったら、どんな人にも挨拶は欠かしません。しかし、社会人を経験した後だったり、何年か実演販売を経験した後だったら、すんなりと身にはつかなかったと思いますね。

スキルの部分でも、和田師匠に教わったことが、今の自分の基（もと）になっています。野球で言えばピッチャーのフォームですね。最初にしっかりとフォームを固められたので、迷うことなく、じっくりと成長していくことができたのだと思います。

初めて教わったのは「プロピーラー」の実演でした。30分くらいの売り口上ですが、練りに練られた完璧な構成なんです。これだけを徹底的に2年間、やり続けました。しんどかったですよ。同じことを2年間やり続けるのは。これをさらに10年、20年と続けていくのが当時の実演販売の世界でした。さすがにそれはムリだと思い、自分なりのスタイルを模索するわけですが、それでも2年間やり続けたことで、〝実演販売の基礎力〟が身についたことは確かです。

やはり、中途半端に知識があって、なんでこんなこと2年もやるんだ？　おかしいだろ？なんて思っていたら、けして一人前にはなれなかったと思います。

最近の若い人は、大学を出てすぐ起業したり、お寿司屋さんでも修行抜きですぐ独立したりということが増えているそうです。

私は、できるんだったらやってもいいと思いますし、そういう時代だとも思います。しかしそれは、才能あるごく限られた人、仕事を始めてからも努力して成長し続けられる人にだけ通用すること。私を含めた一般人にとっては、「無心で基礎を徹底的にやる時期」は、やっぱり必要だと思います。

「無心で基礎を徹底的にやる時期」が2ヶ月なのか2年なのかは人それぞれだと思いますが、私は2年しっかりやったことで、それなりのものが身についたと自信を持つことができました。後に「そんなの実演じゃない」と、実演販売の先輩から白い目で見られたこともありましたが、「オーソドックスなやり方ならいつでもできる」と思えたからこそ、めげずに立ち向かっていけたのだと思います。

ですから若い人たちには、「まず、やってみよう」と言いたいですね。自分のスタイルがどういうものかは、ある程度経験を積まないとわかりません。

また、仕事をするということは長い道のりです。私もかれこれ17年、実演販売をやっていますが、まだまだ成長したいし、しなければならないし、長くやっているからこそ「あ、そういうことか」と気づくこともあります。

つまり、「辞めたら終わり」です。とにかくやり続けることが大事。

しかし、師匠の和田さんは私のことを「いつ辞めるか」と思っていたそうです（笑）。それくらいダメな弟子でした。包丁切るのも本当に下手で。「お前は実演販売士に向いてない」って、ハッキリと言われましたからね。

でも、独り立ちした後、師匠に言われた言葉が今も心に残っています。それは、「今まででで一番下手な弟子だったけど、今までで一番いいやつだった」。

駆け出しのころ、見捨てないで支え続けてくれた師匠には、本当に感謝しています。

［マツコ・デラックスさん］

後はやっぱり、マツコ・デラックスさんですね。

本当に僕を変えてくれたと言うか。たぶんご本人にそんなつもりは全然ないと思うのですが、大恩人だと勝手に感謝しています。

日本テレビの「月曜から夜ふかし」という番組で初めて共演させてもらったのは２０１２年の12月だったと思います。それから13回も出させてもらっています。（２０１９年８月現在）

マツコさんのおかげで私の何が変わったかと言いますと……第一章でもお話ししましたが、「その場で求められている役割をただ全うすればよい」という考え方が身につきました。「うまい実演を見せてやろう」という欲がなくなったんですね。

自分が面白いことを言って笑わせるより、自分の実演につっこんでもらう方が何倍も面白いことに気づいたからです。

でも最初にマツコさんにつっこまれた時は「えっ！」と思いました。

私は実演を始める時に「いくわよ！」と言うのが当時の決まり文句だったのですが、そう言ったら「ちょっと、何なの？ いくわよって！」って腕をつかまれて、文字通り〝止められた〟んです。

そんなこと今までなかったので、心の中で「え〜〜っ！」と動揺してしまいました。本来、実演販売は、落語のようによどみなく演じ切ることがよしとされていましたから、正直ショックでした。

だけどそれに反して、めちゃくちゃスタジオのお客さんにウケるんです。

それまでの実演販売士は、ちょっとうまいことを言って、お客様が「ククッ」て笑うくらいが関の山だったのですが、その時は「爆笑」でした。

これはすごいなと。

以降、マツコさんの番組に呼ばれた時は、扱う商品のすべての情報を調べて、いつどこでどんなことを聞かれても答えられるよう、練りに練っていくようになりました。

すごく緊張しますよ。そして疲れます。これまで出演したテレビ番組の中で一番疲れるんじゃないでしょうか。テレビショッピングは完璧な台本がありますので、もちろんすべて予定調和で行くんですけど、マツコさんの場合はどんな角度からもパス――いえミサイル（笑）が飛んでくるので油断できません。

そのミサイルがまた的を正確に射抜いてくるんです。ズバリするどい所を突いてくる。だからごまかしの実演ができないんです。

それが結果的に自分のスキルを磨くことにつながりました。番組でも途中からは、つっこまれる前にこちらから〝ふる〟こともできるようになりました。「――こう思いますよね？　じゃあちょっとやってみてください」というように。

そう、マツコさんの番組に出演したことをきっかけに、私自身の実演のスタイルが、〈やる実演〉から〈やってもらう実演〉に変わったんです。

今までの実演販売に〈やってもらう実演〉というのはありませんでした。実演して見せるから「実演販売士」です。たとえばテレビショッピングでも、ゲストのタレントさんがその道具を使って実演するなんてことは基本的にありえなかったのです。

でも僕の場合は、タレントさんなどにやってもらうような実演に変えました。タブーを破ったわけです。ですが「タレントさんの素のリアクションが引き出せる」と、番組制作側には大好評。そりゃそうですよね。見ているだけより、実際やってみた方が、その商品の使い勝手やすばらしさがよくわかりますし、驚きのリアクションも真実味が増します。

そういう、一方通行ではない相互通行、今風に言うと〝オンデマンド〟な実演スタイルを確立できたのは、いつどこに「ミサイル」を飛ばしてくるかわからないマツコさんとの共演のおかげです。

それは、マツコさんという強力な個性の人の存在があったからこそ。

既存の実演販売スタイルを全うしようと思えば「壁」なのですが、おかげで「新しい自分」を発見できました。

一般の方でも、単なるイエスマンではなく、自分にとって「ストレスかもしれない人」との出会いが、自分を成長させてくれることがあるはずです。

私も最初は怖かったです。当時はマツコさんもテレビに出始めで、毒舌というキャラだけが目立っていましたから「何を言われるのかな」って不安でしたし、実際共演してみたら、腕をつかまれて「ちょっと待って！」ですからね（笑）。でも、マツコさんの毒舌には愛がありました。

だから、そこで出演するのを辞めるのではなくて、一歩踏みこんで「挑戦」し続けたことによって、得られたものは大きかったです。

産みの苦しみというか、心を動かされることは時に苦しいこともあるかもしれません。
でも、勇気を持って「心を動かす」人の出会いを、見つけていってほしいですね。

Column 5

今日からやろう！
「心を動かす力」を鍛えるためのメソッド。
第1章～5章までの本文から、
すぐに実践できる項目をピックアップ。
クリアするごとに、アナタは心を動かす達人に近づく！

その1、気づくために――

「相手が求めていることを満たす」

買うつもりのないお客様の心を動かし、買うという行動に向かわせるにはどうすればいいか？　必要なのは、目の前の相手が何を求めているかに気づくこと。そして、求めていることを満たすために行動すること。そうすれば、相手の心は必ず動く！

「相手が誰なのかを明確にする」

心を動かすべき相手が誰なのかわかっていなければすべての努力がムダになる。いま自分の力を注ぐべき最大の利害関係者は誰なのか？　自分と向き合い明確にしておこう！

「ビフォー・アフターを意識して話す」

話の「構成」について意識しさえすれば、誰でも相手の心を動かす会話はできる。基本は「ビフォー・アフター」。今まで（ビフォー）はこうだったけど、今回は（アフター）こうだということを意識して話すと、格段に面白さが増す。

「相対的によく見えればいい」

〝何にでも万能な究極の道具〟より、〝他の包丁より刃こぼれしない、他のまな板より軽くて扱いやすい〟方が、むしろ相手の心を動かしやすい！

「自分にあったやり方でやる」

一つのことをコツコツやるのは大事だが、どんなに一生懸命やっても、自分に合ったやり方、時代にマッチした方法でないと、成果は出にくい。自分なりの方法論を見つけよう！

「自分の役割を一生懸命やろう」

不慣れなことは緊張するし、プレッシャーも感じる。結果的にうまくいかないことも多い。まずは、自分の役割を一生懸命やること。そうすれば結果も出て、自分のやり方も自ずとわかってくる。

「自分の限界に気づく」

誰もが自分にどんな才能があるかなんてわからない。だからなるべく早く自分の限界に気づくべきだ。自分の限界に気づくことは精神的にとてもつらいことだが、本当の自分に気づくきっかけになり得る。

その2、愛されるために――

「人に興味を持つ」

自分を愛してもらうには、まず自分から相手を愛してみること。その一歩は「相手に興味を持つ」に尽きる。相手に興味を持っていなければ、愛情も友情も感じられるはずがないから。どんな相手であろうと、興味を持って接してみよう。

「求めない」

相手に何かを求めても、その通りになるとは限らない。そうならずイライラするくらいなら、最初から「求めない」方が、自分も相手も健康的な精神状態でいられる。

「許す」

どんなに理不尽なことをされて頭にきても、最後は許そう。そうでないと、その相手との関係がそこで終ってしまう。一度切れてしまった縁をつなぎ直すのは大変。しかし、許せば前より絆が太くなることもある。

「忘れる」

一度許したら、後は「忘れる」に限る。グチグチ考えていても、前には進まない。

「スマホの電話帳は誰でも〝さん〟づけ」

スマホの電話帳などめったに他人から見られないが、「見られないんだから」という考えが行動に出る。見えない部分でも〝清くありたい〟と思う心がけが大切。

「ものを頼む時は断ってもいいという気持ちで」

ムリやりだと、相手は〝やらされている〟気持ちになり、積極的にやってはくれない。むしろ「断ってもいいですよ」ぐらいのニュアンスでお願いすれば、相手はイヤとは言いづらいし、やるからには積極的に取り組んでくれる。

「とりあえずお金のことは忘れる」

すべて打算で行動すると、人間関係はうまくいかなくなる。うまくいかなくなると「なんでわかってくれないの?」とさらに強引になり、ますますうまくいかなくなる。最初は損得を目的にしない方が、人間関係を円滑にし、結果的に自分に富と幸せをもたらす。

「マイナスポイントは先に言う」

誰にでも人に言いたくない欠点や弱点はあるが、あらかじめ知っているのと、後から聞かされるのとでは、相手の印象がだいぶ変わる。言いづらいことは最初に言ってしまう方が、結果的にダメージが少ない。

『身近な人をライバルにしない』

身近な相手との「どんぐりの背くらべ」は自分の成長につながらない。愛される人間になるには、自分を成長させてくれる、もっと大きな人をライバルと思うべき。

その3、心のブレーキを外すために――

「自分をすべてさらけ出す」

相手と打ち解けたかったら、まずは自分の人となりを包み隠さず話すこと。きっと相手も親近感をもって接してくれるはず。そしていつか、あなたのファンになってくれるに違いない。

「自分に自信を持つ」

自分を好きになってくれるかくれないかの決定権は、あくまでも相手が握っている。だからどんなに〝好きになってくれ〟とアピールしても意味がない。自分の魅力をしっかり伝え、後は相手の心が動くのを待つことだが、そのためには自分に「自信」を持つことが大事だ。

「自分の好きなところを見つける」

自分に自信を持つ第一歩は、どんな小さいことでもいいから自分自身の「好きなところ」を見つけることだ。誰にでも得意なこと、人より優れていることがあるはず。それを足がかりに、自分のことを好きになれれば、自信につながる。

「話の接続詞を意識する」

心を動かす話には〝流れ〟がある。この流れを生み出すのが「接続詞」だ。特に（原因）〝だから〟（結果）という接続詞を意識して使うと、話の流れが格段によくなる。

その4、心の波を引き寄せるために――

「つけ入る隙を与える」

実演販売では後片づけをしている時によく売れることがある。人間関係でも、弱みを最初に見せた方が、相手は近づいてきやすい。完璧な人間ではなく、少しくらい弱点があって付け入る隙のある天然キャラを目指そう。

「応援したいと思わせる」

人は「応援したい」と思う時に、心が動きやすい。そのために、最初に情に訴えるのもきっかけづくりとしてはいい方法だ。

「リアクターを見つける」

心の状況は「感染」する。元気がよくて明るくて、自分の話を「うん、うん」とうなずいてくれる相手が一人でもいると、まわりもつられて「うん、うん」となる。そんなリアクション上手な「リアクター」を身のまわりに見つけよう。

「よくないリアクターはスルー」

逆に、いちいち話の腰を折ったり、反論したりする〝よくない〟リアクターがいた場合は、とにかく〝スルー〟。よくないリアクターは遠ざけ、いいリアクターだけを身近に引き寄せよう。

「うまくいかない時はあきらめる」

うまくいかないからと焦っても、意気込みばかり空回りし、かえって逆効果。「今日は何となく調子が出ないな」とか「うまく話が進まないな」という時は、いさぎよくあきらめる方が効率的。チャンスは一度きりではない。

その5、人と出会うために――

「さまざまな場所に出かけよう」

相手の心を動かすには、自分の心を動かしてくれる人と多く出会い、影響を受けることが大事。そうした「心を動かしてくれる人」がまわりにいなければ、とにかくたくさんの人と出会い、遭遇確率を高めるしかない。セミナーや勉強会、ネットのオフ会、会社の飲み会……可能な限り参加して人脈を広げよう。

最後に

皆様、最後まで読んでくださり、本当にありがとうございました。

いかがでしたでしょうか？　少しは皆様のお役に立てそうでしょうか？

実演販売という仕事を始めて17年、ただただ懸命に毎日を過ごしてきました。その過程でたどり着いたのが「物は売るんじゃない、買ってもらうんだ」という考え方です。これはつまり、ムリに売ろうとしてもお客様は買ってはくれない、お客様の心を動かし〝買おう〟と思ってもらうことが大切だということです。

この考えは、実演販売以外のビジネス、そして人間関係にも役立つ考え方なのではないかと思い、自分なりに細かく噛み砕いて、本にすることにしました。

自分が思っていることを、すべて打ち明けたつもりです。その上で改めて強調しておきたいのは、「誰にでも心を動かすことができる」ということです。

かく言う私が天才や超能力者ではありません。ただただ、お客様に商品の魅力と、いい商品だからぜひ買ってほしいという思いを、熱意と誠意をもって伝えてきただけです。

そうです。「心を動かす」とは、つまり、〝自分の思いを熱意と誠意をもって相手に伝える〟ということなのです。

それを商売でも、人間関係でも、当たり前のこととして行うことが、大切なのです。

そして一番大事なのは、それをあきらめずに続けること。

続けてさえいれば、私のように道が開けるはずです。

では、続けるためにはどうすればいいか？

それは、「自分を大事にする」こと。

そして、「自分のやるべきこと」を一生懸命にやること。

目標に達しなかったら目標を下げればいいんです。
いきなりホームランは打てません。

私が実演販売をやり始めた時に一番つらかったのは、いきなりホームランを打とうと思ってしまったことです。新人なのにいっぱしのプロのつもりで話そうとしていました。でも妻に言われました。「あんた、すごい大御所みたいなしゃべり方してるけど、まだ何者でもないんだかからね」――それで目が醒めました。まずはバントからコツコツ始めようって。

今の若い実演販売士を見ていると、同じようにいきなりホームランを打ちたがっています。みんなが通る道なのかもしれません。

こういう本としては、つまらないオチかもしれませんが、とにかくコツコツと自分のできることを地道にやっていくしかないと思います。

それをいきなり飛び越えようとするから、途中で挫折して辞めてしまうんです。

繰り返しますが、あきらめちゃいけない。辞めちゃいけない。続けることに意味があるんです。

私は「1日で1億8000万円売った男」とよく言われますが、大事なのは1日にどれくらい稼ぐかじゃなくて、毎日売り続けて、1年、5年、10年、15年、20年トータルでどれくらい稼げるかということ。

もちろん私だって売れない日もあります。だけど売れないからといってあきらめていては、この商売はやっていられません。

売れなかったら帰ればいい。そして明日売ればいい――。

そう考えられることが、実演販売士として長く続けられるコツなんです。

この考え方ができない人は大体辞めていきます。それくらい精神的にツラい仕事なんです。1日1億円売っていても「明日売れなかったらどうしよう」というプレッシャーに勝てず、辞めていった人は大勢いますから。

これはどんなビジネス、人間関係にも当てはまることです。

自分を追いこむような考え方は、しちゃダメです。

長い人生、毎日全力で走れるわけじゃない。時にツラければやめて帰ってしまってもいい。チャンスは一回だけじゃない――

そういう風に、自分の心を柔軟に動かすことが肝心です。

だから、本当にやりたくない仕事をムリして続けたり、どうしても気が合わない人とムリして付き合う必要はありません。

私が言う〝あきらめない〟というのは、〝自分に合わないことをムリしてやる〟ことではなく、〝好きなことをやり続けるにはどうすればいいか〟を考えようということなのですから。

とにかく自分を大切にし、前向きに生きていってください。

そうすれば、「心を動かす力」は、きっと手に入るはずです。

2019年（令和元年）9月吉日

レジェンド松下こと松下周平

［著者プロフィール］
レジェンド松下（松下周平）
大学卒業後、実演販売士和田守弘氏の下に弟子入り。東急ハンズなどの全国のデパートを調理道具の実演で回る。店頭販売のみならず、展示会、イベント、TV 通販など、さまざまな分野で活躍し「実力 NO.1 実演販売士」として活躍中。

編集協力／いからしひろき
進行／高橋栄造　寺田須美（辰巳出版）
装丁・本文デザイン・DTP ／徳永裕美　太田有美子（ISSHIKI）

人の心をつかむ極意

2019 年 11 月 5 日　初版第 1 刷発行

著　者　　レジェンド松下
発行人　　廣瀬和二
発行所　　辰巳出版株式会社
〒 160-0022
東京都新宿区新宿 2 丁目 15 番 14 号　辰巳ビル
TEL　03-5360-8960（編集部）
TEL　03-5360-8064（販売部）
FAX　03-5360-8951（販売部）
URL　http://www.TG-NET.co.jp
印刷所　　三共グラフィック株式会社
製本所　　株式会社セイコーバインダリー

ISBN978-4-7778-2436-6 C0034